Comment éviter le burnout au travail

Ne négligez pas votre bien-être physique et mental

Par:

Anne Pelland

Clause de non-responsabilité

conçue pour fournir des renseignements exacts et faisant autorité sur le sujet traité et n'est présentée qu'à des fins de motivation et d'information.

Rien dans ce livre ne remplace un avis médical ni ne vise à diagnostiquer, traiter, guérir ou prévenir une maladie ou un état de santé. Si vous avez une maladie ou un problème de santé, consultez votre professionnel de santé personnel. Ce livre est vendu étant entendu que ni l'auteur ni l'éditeur ne sont engagés dans la prestation de services professionnels.

Table des matières

INTRODUCTION

L'épuisement professionnel, ou burnout, est un problème courant. C'est généralement le résultat de tensions sur le lieu de travail. Ils ont également l'impression d'être épuisés émotionnellement et mentalement lorsqu'un employé souffre de burnout. En outre, il est tout à fait normal de ressentir un véritable épuisement physique. Lorsque cette expérience commune apparaît dans la vie d'un individu, celui-ci peut être submergé par un sentiment général d'apathie. Ils peuvent se sentir découragés et manquer de motivation pour remplir même leurs obligations fondamentales. Vous comprendrez ici ce qu'est le burnout.

Il s'agit d'un trouble qui s'est développé au fil du temps lorsqu'une personne a subi un épuisement professionnel. Il est peu probable qu'un employé soit frappé par le burnout pendant la nuit. Il s'agit surtout d'un processus lent qui évolue progressivement avec le temps. C'est le résultat direct du stress sur le lieu de travail.

Les délais, le fait de devoir faire face à des patrons peu coopératifs, des conditions de travail défavorables et une atmosphère de travail malheureuse peuvent tous contribuer à l'épuisement professionnel. Ce trouble peut affecter tous les aspects de la vie d'un individu - performances professionnelles, relations sur le lieu de travail, relations personnelles et même le bien-être d'un individu.

Comprendre le burnout

Le burnout est un état de désordre dans lequel la fatigue, l'épuisement ou l'irritation sont ressentis en raison d'une concentration intense ou d'un engagement envers un objectif, une cause, un style de vie ou une relation qui ne donne pas la récompense souhaitée. En d'autres termes, il existe une formule de burnout : des attentes divisées par une réalité qui, indépendamment de l'effort que vous déployez, ne répond pas à vos attentes, ce qui équivaut à un burnout. Entre le travail acharné et l'épuisement professionnel, il n'y a pas de corrélation ou de relation directe. Néanmoins, il existe une relation ou une association directe entre le travail acharné qui ne procure que peu ou pas d'avantages et le burnout. En effet, de nombreuses personnes travaillent à l'épuisement, et elles obtiennent reconnaissance et récompense. Le burnout ne fait pas partie de l'équation pour ces personnes.

Identifier un burnout

Le burnout est une lenteur qui brûle. Le burnout n'est pas un événement, c'est un processus. Le burnout est semblable à l'érosion. Un jour, sous la cascade, on voit un énorme rocher. Vous revenez un jour et demi plus tard. Puis un jour, il s'est transformé en une petite pierre ; puis en un galet. Le burnout est une dégradation interne subtile et pernicieuse.

- Les signes précoces de burnout comprennent un sentiment profond de fatigue ou d'épuisement qui tend à s'étendre de la surface de la peau aux tissus, ligaments et muscles, et en profondeur dans les os et les cellules mêmes de l'organisme. Psychiquement, vous éprouvez un sentiment de désespoir, d'impuissance, de déception, de scepticisme ou de colère dans un monde de négativité. Les relations au travail et en dehors du travail sont difficiles, elles deviennent épuisantes, elles ne sont plus amusantes et amicales. Le travail devient une entreprise à part entière. Il est difficile de se concentrer sur cette question. C'est un défi de taille que de rester concentré. Vous vous sentez et devenez déconnecté, peut-être même détaché du travail et des gens de votre vie.

- Le burnout, en fin de compte, s'exprime comme un "manque de vigilance" à l'égard de la vie en général, de la vie professionnelle, de la vie familiale. En fin de compte, l'énergie de l'indignation, de la rage ou de la déception ne peut même pas être recueillie ; il n'y a pas d'énergie, jamais. Aucun sentiment mental, financier, physique, psychologique ou spirituel.

- Curieusement, l'épuisement professionnel touche les personnes qui se sont déjà senties jeunes, heureuses, enthousiastes, juteuses, passionnées et incroyablement curieuses de la vie. Le résultat est leur intention, leur passion et leurs efforts pour atteindre des objectifs inatteignables dans le processus qui les a détruits.

- Les organisations sont trop souvent considérées comme la seule cause de l'épuisement professionnel. Ils se sentent en quelque sorte en faute parce qu'ils sont incapables d'atteindre l'équilibre travail-vie personnelle ou l'harmonie dans leur mode de vie, ou parce qu'ils sont incapables de planifier, d'organiser, de prioriser, d'établir un calendrier et d'exécuter, ou parce qu'ils s'efforcent d'obtenir une note de 10 sur une échelle de 1 à 10, dans tout ce qu'ils font, ou parce qu'ils travaillent pour un gestionnaire dont les attentes sont trop élevées et exigeantes. Les individus peuvent parfois être leur propre pire ennemi et provoquer leur épuisement. Pourtant, pas tout le temps.

- Néanmoins, des recherches récentes montrent que les entreprises et les organisations sont souvent l'une des pires causes d'épuisement professionnel. Le burnout est souvent intégré dans la structure de l'organisation aujourd'hui. Comment cela se fait-il ? Certaines des caractéristiques organisationnelles qui contribuent à l'épuisement professionnel sont : des objectifs irréalistes, de nombreux niveaux de bureaucratie et des politiques et procédures tout simplement stupides, un manque de clarté dans les rôles et les responsabilités, des priorités floues et contradictoires, des réunions répétitives et inutiles, et une simple mentalité de "c'est une affaire" qui met l'accent sur les personnes en tant que fonctions tout en gardant "l'élément humain" à l'écart de l'égalité

- Et au travail, les gens commencent à se sentir épuisés lorsqu'ils croient être dans une situation "sans issue" - ils n'y arriveront jamais, quels que soient la durée et l'intensité de leur travail. Le burnout survient lorsqu'on lit sur le mur des écritures "impossible" et "irrationnel", lorsqu'il n'y a pas de justification véridique ou raisonnable de la façon dont les affaires sont menées, de la façon dont les objectifs sont établis, de la façon dont les buts et les résultats sont calculés, de l'ambiguïté des positions. Lorsqu'il n'y a pas de lien entre le travail acharné et le fait de voir la vraie lumière au bout du tunnel (c'est-à-dire les résultats ainsi que la "lumière" sous forme de "pensée", de "bonne action" et de "sens"), les gens sont désespérés, délirants et cyniques.

- Le burnout est associé à de nombreux signes et symptômes. Vous devez comprendre ces signaux si vous êtes responsable d'employés. Si vous êtes un employé sur le lieu de travail, vous devez également apprendre les signes et les symptômes associés à l'épuisement professionnel. Plus vite vous réaliserez que l'épuisement est évident, mieux vous pourrez travailler pour résoudre les problèmes auxquels vous êtes confronté. Les signes et symptômes les plus courants associés à ce problème commun et à chaque problème réel sont énumérés ci-dessous : l'un des premiers signes du burnout est lorsqu'une personne devient frustrée. Cette frustration peut être dirigée vers les autres ou vers l'entreprise dans laquelle ils travaillent.

- Le deuxième signe qu'un employé peut faire un burnout est lorsque son rendement commence à s'effondrer. Ce signe est peut-être le plus évident dans de nombreux cas. Une personne autrefois fiable qui a terminé son travail en temps opportun et qui fait preuve d'un niveau de qualité élevé peut commencer à prendre plus de temps pour terminer ses tâches, et la qualité de son travail peut rapidement diminuer.

- De nombreuses personnes qui souffrent d'épuisement professionnel peuvent commencer à exprimer le fait que dans leur situation professionnelle, elles se sentent comme "piégées". C'est un mauvais signe si un individu se sent "piégé". Il est essentiel d'être heureux et satisfait du travail que nous faisons. Si nous ressentons autre chose que cela, il est important de chercher de l'aide au fur et à mesure que le burnout devient apparent.

- Ceux qui vivent ce problème commun lié au travail peuvent commencer à se détacher de leurs amis, de leur famille, de leurs collègues, de leurs situations sociales, et plus encore. Ce n'est pas un bon signe de détachement social. Cela est particulièrement vrai lorsqu'une personne n'est pas normalement isolée des autres sur le plan social.

- Beaucoup de ceux qui souffrent de burnout peuvent sembler très irritables. On peut le constater dans les humeurs rapides et autres situations similaires. S'il n'y a pas de cause évidente à ce type de changement de personnalité, le problème peut être lié à des changements sur le lieu de travail.

- La plupart des gens peuvent avoir l'impression que leur situation actuelle est sans espoir. Ils peuvent entrer et sortir de chaque jour et ressentir un manque de motivation ; beaucoup de gens peuvent être témoins de ce comportement sur le lieu de travail et se rendre compte qu'il n'est pas caractéristique de l'individu. C'est un signe probable de burnout associé au travail.

- Lorsque vous avez l'impression de n'avoir absolument aucun pouvoir, que vous n'arrivez à rien et que vous vous nourrissez continuellement de pensées et d'émotions négatives, il se peut que vous souffriez d'épuisement professionnel.

- La plupart des personnes qui souffrent d'épuisement professionnel commencent également à connaître les types d'échecs les plus divers. Ces erreurs peuvent être directement liées à leurs performances professionnelles ou à leur vie personnelle.

- Plusieurs causes peuvent amener une personne liée au travail à souffrir de burnout. Une forme de stress lié au travail peut être associée aux raisons suivantes : La plupart des gens placent leurs attentes trop élevées sur le lieu de travail. Le fait de fixer des attentes élevées ou de fixer des objectifs trop élevés sur le lieu de travail est un facteur courant d'épuisement professionnel.

- Certaines personnes peuvent se sentir prisonnières d'un emploi particulier parce qu'elles ne peuvent pas se permettre un changement de carrière ou parce qu'elles ne peuvent pas transmettre les avantages qu'un emploi apporte. Le burnout peut être ressenti par ces personnes.

- On peut s'attendre à ce que de nombreuses personnes qui se sont montrées dignes de confiance et qui fournissent un travail de qualité demandent régulièrement un travail supplémentaire en plus de leurs tâches habituelles. Si le fait qu'on leur donne plus de travail en flatte plus d'un, ce travail peut souvent devenir épuisant.

- Beaucoup ne sont pas personnellement troublés par leur travail. Ce type de travail peut devenir ennuyeux, et une personne peut avoir l'impression de ne pas avoir quelque chose à attendre avec impatience. Cela peut également entraîner un burnout.

Stratégies organisationnelles pour la prévention du burnout

Souvent, le programme lui-même n'est pas propice à l'auto-soin. Le niveau de stress rencontré par un employé n'est pas toujours compris ou consulté par les responsables et les superviseurs. Ils sont peut-être soumis à une pression énorme. Si vous avez la chance d'avoir un patron qui se préoccupe des besoins du personnel, voici quelques idées qu'il pourrait envisager afin d'aider le personnel.

- Pour disperser les tâches difficiles, il faut assurer une rotation du personnel autant que possible.
- Inclure les employés dans les réunions pour soulager le stress.
- Créer une cohésion de groupe par des séances d'entraînement régulières, des réunions, des services internes. Laisser le personnel suggérer des sujets.
- Encourager le soutien des pairs.
- Offrir la reconnaissance et l'excellence pour le succès.
- Variez les responsabilités de la profession.
- Établir un bulletin d'information mensuel avec des mises à jour et des félicitations.

- Faites savoir au personnel qu'il est approprié de demander une "pause stress".
- Surveillez les signes de stress important sur le lieu de travail et aidez-les.

La demande et l'acceptation du soutien doivent faire partie de la communauté de l'entreprise. Il faut reconnaître et ne pas considérer comme un signe de faiblesse le fait d'avouer qu'on est dépassé. Il faut du temps pour créer l'état d'esprit nécessaire pour atteindre ce niveau d'ouverture. Bien que les gestionnaires puissent considérer ces recommandations comme écrasantes au début, leurs efforts seront bientôt récompensés par une diminution de la rotation du personnel, du nombre de jours d'absentéisme, des employés plus efficaces et plus heureux, et de meilleurs soins aux patients.

S'aider soi-même face au burnout

Si vous êtes employé dans une situation où l'aide administrative n'est pas disponible, vous devez faire ce que vous pouvez pour éviter le burnout, à la fois en tant que personne et avec vos collègues. Il y a souvent une forte rotation des employés dans les cas où il y a un manque de soutien administratif. Cela crée une responsabilité accrue et un stress accru pour les autres assistants.

Construire un groupe positif et cohésif rend les choses plus difficiles et augmente l'épuisement des travailleurs.

Aider les gens à apprendre à prendre soin d'eux-mêmes, c'est alors beaucoup plus facile à dire ! Même si les professions d'aide comptent aujourd'hui davantage d'hommes, la grande majorité des professionnels de la santé sont encore des femmes. Le sentiment de soi des femmes est souvent celui d'une personne qui s'occupe d'elles et qui s'occupe d'autrui, et cette vision est perpétuée par notre société. Les soins infirmiers et les soins aux femmes en général, et aux infirmières en particulier, sont liés depuis longtemps. L'empathie est un pilier des professions qui la soutiennent, en particulier les "professions de femmes" telles que les soins infirmiers et le travail social. Les soins infirmiers ont été baptisés "pratique professionnelle des soins infirmiers".

Lorsqu'une femme doit choisir entre prendre soin d'elle-même et prendre soin d'une autre, la pression sociale pousse les autres à choisir de prendre soin d'elle. Confrontées à ce qui peut sembler être un choix continu de s'occuper des autres ou de se soigner soi-même, les femmes sont souvent confrontées à des conflits. Il n'est pas rare que les femmes aient du mal à dire non ou à fixer des limites, si bien qu'elles finissent par faire plus que ce qu'elles veulent. Elles s'occupent souvent de tout le monde, sauf d'elles-mêmes, avec un sentiment conséquent de conflit, de déception, de ressentiment et d'épuisement. En tant que femmes, les infirmières sont déjà aux prises avec ces problèmes, qui sont encore exacerbés par le rôle d'infirmière de l'enfant.

Prévenir le burnout.

Vous avez peut-être l'impression de souffrir d'une sorte d'épuisement professionnel à ce stade, ou peut-être êtes-vous en voie d'atteindre un stade d'épuisement ou de désintérêt pour votre carrière. Ne vous inquiétez pas, vous pouvez aborder cette réflexion de plusieurs façons et éviter le sentiment d'épuisement.

Réduire le temps de travail.

Les personnes qui souffrent d'épuisement professionnel sont souvent celles qui travaillent plus de 40 heures par semaine. Sur une longue période, ils peuvent travailler 50 ou 60 heures, voire plus. Elle a un impact sur l'équilibre entre vie professionnelle et vie privée et peut entraîner un burnout. Il est important de maintenir un équilibre entre les deux. Parlez avec votre patron pour savoir comment réduire vos heures de travail. Même une petite quantité peut lentement aider à long terme.

Réévaluez vos objectifs de travail et de carrière.

Vous devez parfois réfléchir à votre type de travail et à l'impact qu'il a sur vos objectifs de carrière. Si vous faites un travail supplémentaire qui ne correspond pas à votre objectif à long terme, demandez-vous si vous devez le faire. Si vous essayez de faire le travail de deux personnes, demandez-vous si vous pouvez obtenir de l'aide pour une partie du travail ou l'annuler. Parfois, le travail supplémentaire que vous faites n'est pas aussi important qu'on le prétend.

Manger et boire sainement.

Un bon moyen de réduire la tension et d'éviter potentiellement l'épuisement est de s'assurer que l'on a une alimentation équilibrée. Il est également conseillé de boire beaucoup d'eau tout au long de la journée.

Prenez des vacances.

Prendre des vacances est l'un des moyens les plus simples d'éviter l'épuisement professionnel. Échappez au stress de votre travail et faites une pause dans un endroit différent. Il peut s'agir de vacances à l'étranger ou d'un voyage dans un autre pays. Il peut s'agir d'un court week-end ou d'un voyage de deux mois dans plusieurs pays. Cela dépend de votre budget et de vos contraintes de temps, mais c'est un excellent moyen de vous ressourcer, et à votre retour, vous vous sentirez revigoré.

Dormez suffisamment la nuit.

Cela peut sembler simple, mais assurez-vous de dormir suffisamment chaque nuit pour que votre esprit et votre corps soient détendus, guéris et prêts à travailler le lendemain.

Essayez de séparer votre vie professionnelle et votre vie personnelle.

Le mélange de votre travail et de votre vie privée est un élément essentiel de la lutte contre le burnout. Cela signifie qu'il faut travailler à domicile, penser au travail pendant les déplacements et travailler de longues heures et les week-ends pour faire bouger les choses. Bien que vous puissiez parfois avoir besoin d'heures supplémentaires pour un projet ou une échéance, cela devrait être l'exception plutôt que la règle. Prenez l'habitude de diviser les deux zones de votre vie.

Qu'est-ce que le stress ?

Le stress fait référence à la douleur causée par le conflit entre notre environnement extérieur et nous, qui entraîne une détresse physique et émotionnelle. Il est impossible de vivre sans stress dans notre monde au rythme effréné, que vous soyez étudiant ou travailleur adulte. Le stress positif aussi bien que négatif dépend de l'interprétation spécifique de la tension entre les deux forces par chaque personne. Ce n'est pas que du travail négatif. Le stress positif, par exemple, peut aider une personne à travailler avec une efficacité et une efficience optimale.

Il est donc évident qu'une certaine forme de stress positif apportera à notre vie plus de couleur et de vitalité. Par exemple, l'existence d'une date limite nous motivera à tirer le meilleur parti de notre temps et à le rendre plus efficace. Il est essentiel de garder cela à l'esprit, car la gestion du stress consiste à utiliser le stress à notre avantage, et non à supprimer les tensions dans notre vie.

D'autre part, la tension mentale et physique peut résulter d'un stress négatif. Dans les cas extrêmes, le patient peut ressentir des symptômes tels que l'anxiété, les maux de tête, l'irritabilité et les palpitations cardiaques. Ainsi, bien qu'une partie du stress puisse être considérée comme une force de motivation, il est important de gérer les niveaux de stress afin qu'il n'affecte pas négativement votre santé et vos relations.

Une partie du contrôle de votre niveau de stress consiste à apprendre comment le stress peut vous affecter à la fois émotionnellement et physiquement, ainsi qu'à déterminer si vous fonctionnez à votre niveau de stress optimal ou si vous subissez un stress négatif. Ces informations vous aideront à déterminer quand vous devez faire une pause ou peut-être chercher une assistance professionnelle. C'est aussi votre première étape pour améliorer les stratégies de gestion du stress.

Les pressions modernes de l'époque peuvent prendre la forme de frictions monétaires ou émotionnelles. La pression du travail et l'augmentation de la charge de travail peuvent également entraîner un niveau de stress plus élevé. Comment déterminer si vous avez un stress excessif ? Les symptômes psychologiques les plus courants sont l'anxiété, les maux de tête et le manque de concentration. Les symptômes physiques se présentent sous la forme de palpitations du cœur, d'essoufflement, de transpiration excessive et de douleurs d'estomac.

Types de stress

1. Le stress aigu.

La forme de stress la plus grave est le stress aigu. Il s'agit de la réponse immédiate de votre corps à un nouveau défi, à une nouvelle affaire ou à une nouvelle demande, et il stimule votre réaction au combat ou à la fuite. L'organisme déclenche cette réaction biologique lorsque le stress d'un accident de voiture évité de justesse, d'une dispute avec un membre de la famille ou d'une erreur professionnelle coûteuse, s'installe.

Il n'est pas toujours néfaste d'avoir un stress aigu. C'est aussi l'expérience que vous vivez dans une maison hantée, lorsque vous montez sur les montagnes russes ou que quelqu'un vous saute dessus. Il ne devrait pas y avoir d'effets néfastes sur la santé d'épisodes uniques de stress aigu. Ils peuvent peut-être être bons pour vous, car ces situations stressantes donnent la meilleure réponse aux situations potentiellement stressantes pour votre corps et votre cerveau.

Un stress aigu sévère, comme celui subi en tant que victime d'un crime ou d'une situation mettant la vie en danger, peut entraîner des problèmes de santé mentale, comme le syndrome de stress post-traumatique ou le syndrome de stress aigu.

2. Stress aigu épisodique.

On parle de stress aigu épisodique lorsque le stress aigu se produit de manière répétée. Ceux qui semblent toujours traverser une crise ont tendance à subir un stress aigu épisodique. Souvent, ils sont colériques, irritables, nerveux. Les personnes qui sont soit "verrues inquiètes", soit cyniques ou qui ont tendance à voir le côté négatif de toute chose ont souvent tendance à vivre un stress aigu épisodique.

Pour les personnes souffrant de stress aigu épisodique, les effets négatifs sur la santé demeurent. Il peut être difficile pour les personnes souffrant de ce type de stress de changer leur mode de vie, car elles reconnaissent que le stress fait partie de la vie.

3. Stress chronique.

Le stress devient chronique si le stress aigu n'est pas surmonté et continue à s'intensifier ou à durer pendant de longues périodes. Ce stress est persistant et ne disparaît pas. Il peut être extrait de choses comme :

- Pauvreté
- Une famille instable
- Un mariage malheureux
- Un mauvais travail

Le stress chronique peut nuire à votre santé car il peut contribuer à plusieurs maladies graves ou risques pour la santé, comme les maladies cardiaques.

- Cancer
- Maladie des poumons
- Accidents
- Cirrhose du foie
- Suicide

Qu'est-ce qui cause le stress ?

Les causes du stress sont souvent imputables au stress que nous impose la société et la famille. Souvent, le temps que nous prenons pour nous adonner à un passe-temps est la raison pour laquelle nous pouvons faire face aux pressions qui s'exercent sur nous à certains moments et cela nous permet de mieux gérer notre vie. Je ne suggère pas que nous nous échappions de nos devoirs et responsabilités, mais je dis que les moments où nous pouvons faire ce qui nous plaît nous permettront de passer plus de temps sans stress et d'avoir une meilleure qualité de vie à d'autres moments.

Problèmes personnels

Santé

Le vieillissement, le diagnostic d'une nouvelle maladie et les symptômes ou complications actuels de la maladie peuvent accroître votre stress. Même si vous n'avez pas de problèmes de santé par vous-même, un de vos proches peut être confronté à une maladie ou à un malaise. Cela peut également augmenter le niveau de stress. Selon l'Association américaine de psychologie (APA), plus de la moitié des aidants familiaux déclarent avoir le sentiment que les membres de leur famille ont besoin de soins.

Les relations

Les disputes peuvent augmenter votre niveau de stress avec votre partenaire, parent ou enfant. Cela peut être encore plus difficile si vous restez ensemble. Les problèmes avec d'autres membres de la famille ou du ménage peuvent également vous causer du stress, même si vous n'êtes pas directement impliqué.

Croyances personnelles

Vous pouvez être mis en cause par des arguments concernant vos convictions personnelles, religieuses ou politiques, surtout lorsque vous ne parvenez pas à vous débarrasser du conflit. Les grands événements de la vie qui remettent en question vos propres convictions peuvent également être une source de stress. Cela est particulièrement vrai si vos convictions diffèrent de celles de vos proches.

Problèmes d'émotion

Cela peut vous accabler d'un stress supplémentaire lorsque vous vous sentez incapable de répondre à quelqu'un, ou que vous devez exprimer vos sentiments mais ne pouvez pas le faire. Les troubles de santé mentale, notamment la dépression et l'anxiété, s'ajoutent à la tension émotionnelle. Une bonne gestion du stress passe notamment par des moyens sûrs de se libérer des émotions et de soigner les troubles mentaux.

Les changements dans la vie

Les grands changements de vie qui peuvent être traumatisants sont la mort d'un être cher, le changement d'emploi, le déménagement et l'envoi d'un enfant à l'université. Seuls des changements positifs peuvent provoquer un stress important, comme la retraite ou le mariage.

L'argent

Les difficultés financières sont une source de stress croissante. Les dettes de carte de crédit, le loyer ou l'incapacité de subvenir aux besoins de votre famille ou de vous-même peuvent vous soumettre à un stress important. Le stress financier est une chose à laquelle presque tout le monde peut s'identifier dans ce monde, où l'on met tellement l'accent sur ce que l'on a et ce que l'on peut se permettre.

Questions sociales

Occupation

Il a été prouvé que la pression et les conflits organisationnels peuvent être une source importante de stress.

La discrimination

Le stress à long terme peut résulter du sentiment de discrimination. Par exemple, en raison de votre origine ethnique, de votre sexe ou de votre orientation sexuelle, vous pouvez être victime de discrimination. Plusieurs personnes sont confrontées aux préjugés et presque chaque jour à la tension qu'ils créent.

Environnement

Le stress chronique peut engendrer des communautés peu sûres, des villes en proie à la criminalité et d'autres problèmes de sécurité.

Des événements traumatisants

Les personnes qui ont vécu un incident traumatisant ou mettant leur vie en danger font souvent face à un stress à long terme. Par exemple, après avoir survécu à un vol, un viol, une catastrophe naturelle ou une guerre, vous pouvez vivre un stress à long terme. Dans de nombreux cas, le syndrome de stress post-traumatique (SSPT) peut survenir.

Le SSPT est une condition chronique d'anxiété causée par un événement traumatique ou une séquence d'événements traumatiques. La prévalence médiane à vie du SSPT chez les vétérans est d'environ 7 %, selon le Centre national pour le SSPT du ministère américain des anciens combattants. Les femmes, ainsi que les vétérans et les survivants de mauvais traitements, sont plus susceptibles de souffrir de cette maladie.

Les effets psychologiques du stress

Notre corps subit des réactions physiologiques de plus en plus importantes au fur et à mesure que l'adrénaline augmente dans notre corps - alors que nous commençons à accumuler du stress. La physiologie a à voir avec nos réponses physiques. Par exemple, un homme pourrait dire : "Je me sens stressé. Je me sens stressé à cause de mon travail stressant". C'est intéressant parce que je pourrais dire à cet homme : "Parlez-moi de votre travail". Il répond : "Eh bien, j'aime mon travail. J'aime les gens avec qui je travaille, je suis bien payé et je suis dans une bonne position". Si l'homme me dit cela, je lui dis : "Eh bien, vous avez beaucoup de sentiments positifs sur votre travail. Elle peut être liée à la santé. Cela peut être lié à une faible estime de soi. Cela peut avoir un rapport avec sa relation. Il est peut-être coupable de ne pas avoir passé assez de temps avec ses enfants. Mais le stress est aussi lié à l'émotion négative.

Un autre exemple est celui d'une femme au foyer qui prétend être déprimée. Elle peut se sentir ennuyée, seule, inadéquate, impuissante, épuisée ou sous-estimée. Ou bien elle peut se sentir rabaissée et insultée si elle essaie de parler à son mari de ces sentiments et qu'il lui dit : « A quoi dois-tu penser ? » Ce genre de déclaration risque de la faire se sentir encore plus mal, et donc d'augmenter sa tension. Notez que le stress est corrélé à une émotion négative et donc, en effet, dans toutes sortes de situations, nous avons toutes sortes de personnes qui se sentent stressées.

Le stress est très subjectif. Tout dépend de la façon dont vous le voyez. Le stress sur lequel nous nous concentrons dans ce chapitre est le stress que nous rencontrons dans un drame de la vie, c'est-à-dire beaucoup de stress. Je fais référence à un corps qui subit beaucoup de stress et qui peut se manifester de deux façons. Cela peut arriver à cause d'un incident de vie particulier qui provoque une inondation d'adrénaline dans le corps, comme l'accident de voiture ou le tsunami.

Ou bien, à cause de ce que j'appelle le "stress incessant", vous pouvez aussi subir un drame de la vie. Il s'agit d'une accumulation de stress qui se produit au fil du temps, de sorte qu'il n'y a pas d'événement majeur, en particulier, juste une accumulation régulière. Ce sont des événements récurrents ou des émotions négatives que vous rencontrez constamment - peut-être dans votre travail ou votre relation. Si vous avez une accumulation d'émotions négatives et que cela dure sans interruption pendant un certain temps, vous allez être stressé et le sentiment est le même. Il s'agit d'une accumulation d'adrénaline puis d'une inondation.

Symptômes de stress lorsque vous avez un niveau extrême d'adrénaline dans votre corps, qu'il soit causé par un seul événement ou par l'accumulation d'événements, vos muscles deviennent de plus en plus tendus, ce qui entraîne des réactions physiologiques. Les palpitations cardiaques, les bras, le cou et les épaules sont toujours concernés - autour de votre cou, et les épaules vous finissez par vous sentir très voûtées et très serrées. Les muscles vont également être douloureux.

Chaque fois que vous êtes stressé, les douleurs musculaires, en particulier au niveau des cuisses et des bras, sont l'un des symptômes les plus courants. Parce que vos muscles vous font mal, votre corps se fatigue. C'est comme si, pendant longtemps, vous portiez de lourdes charges et que vous ne pouviez pas vous en débarrasser. Même après avoir fait de gros achats, vos muscles sont toujours anxieux car ils travaillent et se contractent depuis longtemps.

Cela affecte votre respiration. C'est simplement parce que la paroi de votre poitrine est un énorme muscle que votre respiration change. À mesure que nos muscles se resserrent, la paroi de la poitrine devient comme une feuille musculaire tendue et rigide. Par conséquent, les poumons à l'intérieur de cette paroi thoracique ne sont plus capables de se dilater comme ils le font normalement - ils ne se dilatent que légèrement et n'absorbent donc pas la quantité d'air que vous absorberiez normalement.

Le cerveau envoie un signal aux poumons après un certain temps :
"Ce corps a besoin d'un peu plus d'oxygène. S'il vous plaît, respirez
un peu plus profondément". En apparence, on finit par soupirer.
Cela force votre paroi thoracique à s'ouvrir à une plus grande
expansion et c'est ce que la réponse (soupir) est. Vous semblez
soupirer davantage lorsque vous êtes déprimé ou vous bâillez
davantage parce que bâiller a le même effet. Les bâillements, c'est
quand vous faites s'étirer la paroi thoracique en l'air. Là encore, ce
sont des symptômes de stress.

D'autres remarqueront que lorsqu'ils sont stressés, ils ne dorment
pas bien. Il est évident que non. Quand vous êtes nerveux, il y a
beaucoup d'adrénaline dans votre système. Le but de l'adrénaline
est de vous garder en sécurité, de vous garder en vie, de vous
protéger. Vous n'êtes pas censé dormir quand vous êtes en service,
et quand vous êtes fatigué, vous ne pourrez pas vous installer et
vous ne pourrez pas dormir parce que votre cerveau pense et teste,
« Où est le danger ? »

Vous générez de plus en plus d'adrénaline à mesure que le stress
augmente. L'adrénaline que vous générez fait penser de plus en
plus à votre cerveau : « Où est le danger ? » Une bonne analogie est
le suricate de garde. Il cherche constamment, à la recherche du
risque. C'est ainsi qu'il devient le cerveau. Il se demande : "Où est
le danger ?". Ainsi, la véritable adrénaline dans votre corps rend

votre cerveau plus alerte, plus vigilant, plus inquiet. C'est pourquoi les personnes sensibles, qui ont toujours beaucoup d'adrénaline dans leur corps, semblent être concernées. L'adrénaline dans leur corps fait penser à leur cerveau : « Où est le risque ? » Et bien sûr, le cerveau commence à penser : "Oh, ça pourrait être ça. Cela pourrait être cela". Vous imaginez le danger et le corps produit plus d'adrénaline en conséquence.

Cette condition devient une période d'anxiété. Lorsqu'il se poursuit, le processus nerveux finit par briser le système nerveux parasympathique. Le système nerveux parasympathique est tellement épuisé lorsqu'il tente de rétablir la détente dans votre corps qu'il ne fonctionne plus. Ainsi, lorsque vous pensez à des pensées anxieuses, votre corps produit de l'adrénaline même lorsque vous essayez de vous calmer et que vous essayez de vous dire à votre Cortex : "Non, non, non, il n'y a pas de risque. Ce n'est pas grave. Installez-vous. Vous allez vous en sortir. Tu es une grande fille. D'autres ont déjà vécu ce genre de choses auparavant". C'est comme ça qu'on se parle. Nous parlons ici d'assurance.

Mais quand le système nerveux parasympathique se désintègre, même si on essaie de se calmer, on finit par produire de plus en plus d'adrénaline, et c'est alors que nous avons une tension constante et que nous ne pouvons plus nous calmer. C'est à ce moment que l'on comprend pour la première fois la sensation de douleur. Pour la première fois, j'utilise le terme "traumatisme" - c'est ainsi que nous agissons lorsque nous sommes témoins du drame de la vie. Nous ressentons la douleur. Notre corps est rempli d'adrénaline et nous avons l'impression d'être dans un accident de voiture, mais la voiture est toujours en mouvement. Nous ne savons pas quel sera le résultat. C'est ce que l'on ressent quand on est traumatisé.

D'autres choses ont tendance à se produire alors, ainsi que toutes les réactions physiques que votre corps a. Le Système Nerveux Autonome du corps commence à s'effondrer. Le système nerveux autonome (SNA) est le système nerveux qui s'occupe de toutes les tâches sur lesquelles nous n'avons pas de contrôle conscient. (Par exemple, en clignant des yeux et en marchant.) Ainsi, le système nerveux autonome s'occupe de nos intestins et de la digestion, s'occupe de nos intestins et de l'évacuation, s'occupe de notre système de reproduction. Ce sont tous les endroits de notre corps qui continuent à fonctionner sans que nous ayons un contrôle conscient sur eux.

Mais qu'est-ce qu'on commence à remarquer quand on se sent stressé, même un peu stressé ? Nous continuons à avoir des problèmes de ventre et ces problèmes deviennent plus prononcés lorsque nous sommes très stressés. De nombreuses personnes finissent par avoir une colite ulcéreuse ou un syndrome du côlon irritable. Il s'agit de problèmes assez importants au niveau des intestins et des intestins. Si vous êtes un peu stressé ou un peu nerveux, il se peut que vous ayez des selles molles et beaucoup de choses à faire pour aller aux toilettes. Mais si vous avez des douleurs à long terme, vous vous retrouvez avec des problèmes intestinaux majeurs et des problèmes de vessie.

Elle peut affecter l'ensemble de notre système de reproduction. Il est bien connu que son cycle menstruel peut changer si une femme est stressée. Ce que nous savons maintenant, c'est que les hommes sont aussi très affectés par le stress en raison des progrès de la technologie médicale. Grâce à cette avancée de la technologie médicale et de la photographie, nous savons que le sperme des hommes est très stressé et que les hommes peuvent avoir beaucoup de spermatozoïdes anormaux et un faible nombre de spermatozoïdes parce que leur système nerveux autonome est interrompu.

Notre système nerveux sympathique (SNS) et notre système nerveux parasympathique (SNP) sont les autres parties principales de notre système nerveux autonome. Ce sont les parties de notre système qui s'occupent de la guérison et de la régénération du corps pour se calmer après le stress. Et donc, au fur et à mesure que cela s'effondre, notre corps subit un stress sans se rétablir.

En résumé, la première chose qui commence à se produire lorsque nous rencontrons une tension au moment où notre système nerveux autonome s'effondre est un affaiblissement de notre système immunitaire. Nous nous sommes concentrés sur le système nerveux autonome, mais l'autre chose qui se passe, c'est que notre système immunitaire s'effondre. Plus nous sommes déprimés, plus nous développons de rhumes, de cas de grippe, de virus, d'affections cutanées et votre eczéma - si vous en souffrez - peut réapparaître. Peut-être le zona ou la fièvre glandulaire reviendront-ils.

L'importance de la sérotonine

Une diminution de la sérotonine chimique est la prochaine chose qui se produit. La sérotonine s'épuise lorsque vous augmentez l'adrénaline. La sérotonine est le composant derrière notre "bon sentiment". C'est un produit important. La sérotonine est un neurotransmetteur que nous avons dans notre cerveau, et nous avons besoin de notre sérotonine pour nous sentir bien et penser bien. La sérotonine permet aux impulsions électriques de circuler dans les millions de neurones de notre cerveau. Donc beaucoup de sérotonine, c'est beaucoup de bonnes idées. Vous avez beaucoup de dopamine et vous pouvez faire beaucoup de brainstorming si vous êtes avec des amis et que vous vous sentez vraiment bien. Vous pouvez avancer parce que vous vous sentez vraiment bien et que vous êtes motivé pour obtenir les idées que vous voulez faire parce que l'augmentation de la sérotonine vous permet de bien réfléchir.

A la perte de la sérotonine, vous trouverez votre humeur en baisse. On devient plat, découragé, démotivé, on ne peut pas être en colère, on ne peut pas être joyeux. Vous pouvez encore vous pousser à faire des choses qui doivent être faites lorsque vous ressentez beaucoup de stress, mais elles ne vous procurent pas plus de plaisir. Ce sont les sensations dans votre cerveau d'une diminution de la quantité de sérotonine.

Vous êtes également influencé par votre pensée. Votre raisonnement est altéré car il commence à être peu fiable. Vous commencez à penser de façon irrationnelle maintenant. Sur le moment, vous ne vous en rendez peut-être pas compte, mais par la suite, lorsque vous vous remettrez un peu du stress, vous pourrez vous retourner et vous dire : "Je ne pensais pas de façon rationnelle à ce moment-là". Notre raisonnement est erroné, déraisonnable et nerveux. À l'heure actuelle, l'explication de la nervosité de notre pensée est purement biologique. Cette hormone est un neurotransmetteur dans le cerveau qui permet aux impulsions électriques (qui sont des pensées) de traverser les neurones lorsque vous avez beaucoup de sérotonine. Lorsque vous avez abaissé le taux de sérotonine, les impulsions électriques ne vont pas aussi loin. Ils ne peuvent pas sauter dans des directions différentes, donc vos pensées deviennent plus rigides, vos pensées doivent aller ailleurs.

C'est pour cette raison qu'ils s'arrêtent et que vous vous sentez bloqué dans votre cerveau quand vous êtes déprimé. Vous vous sentez épais. Vous êtes bloqué. Il n'est pas possible de penser clairement. Combien de fois nous nous disons "Je n'arrive pas à penser correctement". Vous n'avez pas envie de vous lancer dans un travail que vous devez faire ou dans la prochaine chose que vous devez faire - il pourrait même s'agir de préparer un repas. Vous ne pouvez pas être dérangé. Ce sont tous des symptômes de la réduction de la sérotonine.

Ce qui se passe, c'est que, malheureusement, ces impulsions électriques doivent aller quelque part. Ils commencent donc à se déplacer dans la zone du cerveau d'où ils viennent, ce qui donne une pensée récurrente à l'individu. C'est le logement. Voilà ce que c'est que de ruminer. Quand on est déprimé, on s'attarde sur les choses. En réalité, quand on se sent bien, on ne s'attarde pas sur les choses. Bien sûr, nous vivons le même processus d'anxiété que nous nous concentrons sur les problèmes parce que le sentiment que nous avons est une mauvaise pensée. Parce que nous avons une mauvaise pensée, notre corps produit plus de dopamine et le processus se poursuit. C'est la raison pour laquelle nous devenons de plus en plus nerveux avec la réduction de la sérotonine et avec cette pensée erronée et déraisonnable, et notre cerveau fait monter le niveau d'adrénaline dans notre corps.

La baisse du taux de sérotonine et les troubles de la pensée nous conduisent à une moindre estime de soi. L'estime de soi est une forme de pensée. Nous avons aussi une mauvaise opinion de nous-mêmes, en plus de nous sentir mal. Nous réfléchissons en permanence à notre mauvaise santé, à notre inutilité, à notre pathétique ou à notre désintéressement. En effet, ces pensées continues produisent de plus en plus d'adrénaline.

Voir vos mains comme deux plates-formes est une façon simple de se rappeler l'interaction entre la sérotonine et l'adrénaline. La main gauche est la main de l'adrénaline, et la main droite est la main de la sérotonine. De plus, comme si ces dispositifs étaient un contrepoids, ils se déplacent de haut en bas. La sérotonine chute avec la montée de l'adrénaline. Pourtant, la sérotonine augmente à mesure que l'adrénaline diminue. Il est également possible de placer l'étiquette "estime de soi" sur la main droite. Votre sérotonine et votre estime de soi sont étroitement liées, et toutes deux sont fortement influencées par l'implication de l'adrénaline.

Vous pouvez par exemple passer une journée agréable avec des copains. On se sent bien quand on y arrive. Votre sérotonine est forte, vous vous sentez bien dans votre peau, et vous vous sentez bien dans la vie. Vous ne vous sentez pas du tout stressé. Le lendemain, avec les mêmes collègues, vous pourriez organiser un dîner. Lorsque vous planifiez le dîner, les choses tournent un peu mal et vous vous rendez compte que vous n'avez pas mis le vin au réfrigérateur, que vous n'avez pas assez de viande et que les pommes de terre que vous vouliez mettre sur le grill se sont avérées pourries. Le stress augmente, les niveaux d'adrénaline augmentent, vous vous sentez stressé et vos niveaux de sérotonine diminuent maintenant. A cause de cela, vous commencez à ruminer : "Oh, je suis tellement désespéré. J'aurais dû le faire avant. Pourquoi n'ai-je pas vérifié ? Je n'ai aucune envie d'organiser des barbecues et mes amis ne seront pas contents, et ils ne viendront probablement même pas de toute façon".

Toutes ces pensées négatives et inutiles que vous avez reçues sont simplement dues au déséquilibre chimique. Notre stress est tellement affecté par notre façon de penser et, une fois que nous nous en sommes rendu compte et que nous l'avons visualisé, nous pouvons nous rendre compte que si nous pouvons changer notre façon de penser, si nous pouvons changer notre façon de voir une situation et changer notre point de vue, nous changerons notre façon de ressentir. Tout ce qui nous arrive dans la vie, nous sommes responsables de ce que nous ressentons. Nous pouvons gérer notre niveau de stress et, en changeant la façon dont nous nous sentons, nous pouvons déterminer ce que nous allons faire ensuite.

Comprendre l'art de la gestion du stress

À différentes étapes de leur vie, la plupart des gens dans le monde ressentent cette tension. Le stress est la conséquence d'événements ou de conditions considérées par une personne comme des obstacles. L'hypothèse selon laquelle de tels défis ne peuvent être relevés conduit à des tensions. Selon la situation et la façon dont les gens la perçoivent, le stress peut être grand ou petit. Elle peut être classée en fonction du niveau de difficulté auquel l'individu est confronté et du niveau d'anxiété qu'il provoque. Dans ce type de situations stressantes, certaines personnes peuvent se sentir impuissantes et désespérées, tandis que d'autres peuvent aussi apprendre l'art de reconnaître les circonstances et les moyens de gérer le stress.

La première chose à laquelle il faut penser est la cause principale ou réelle de la tension dans une situation de stress. Il existe souvent des défis similaires qui entraînent un stress, mais il est crucial d'identifier et de se concentrer sur la cause principale. La simplification et la résolution de cette cause première de stress finiront par libérer le stress, et il devient facile de s'occuper des autres facteurs mineurs qui y contribuent. Une fois que le principal facteur de stress qui déclenche la motivation est apparent, l'étape suivante consiste à réfléchir à l'énorme pression et au stress que subissent les gens dans le monde entier. Il y a des situations dans lesquelles il est impossible de vivre même simplement. Si l'on compare sa cause de stress avec ces facteurs, dans la première étape elle-même, une certaine quantité de stress va certainement diminuer. L'étape suivante consiste à se dire que "vous n'êtes pas seul", car si l'on pense au stress que subissent les autres, il faut aussi penser que personne n'est confronté seul à un type particulier de problème dans ce monde. Des milliers de personnes sont confrontées à un stress similaire qui cause des problèmes. Enfin, la partie auto-motivante qui consiste à réaliser que si des personnes ayant des ressources encore plus faibles font face à leurs difficultés, cela est certainement possible pour d'autres aussi. Les outils peuvent inclure des personnes de confiance autour de nous, des choses qui peuvent nous inspirer et des choses qui peuvent résoudre notre dilemme.

Le fait que la nature ne fasse pas de différence entre les gens est une autre raison de se sentir sans stress. Habituellement, par exemple, lorsque le soleil brille, il fournit de manière impartiale et égale pour tous les individus, de l'énergie thermique et lumineuse à une région particulière. Les gens devraient apprendre à utiliser de manière positive les ressources disponibles pour surmonter leurs difficultés facilement sans créer de stress ou d'anxiété. Lorsque ces pressions qui créent des défis sont surmontées, une personne se sent non seulement en sécurité et en sûreté, mais elle devient aussi formée et mentalement forte à l'avenir pour faire face à ces situations difficiles. Il devient particulièrement important ici que, dans les situations de stress, une personne ne se contente pas de demander l'aide d'amis et de parents proches, mais qu'elle partage aussi avec eux son expérience lorsqu'elle parvient à résoudre ces problèmes. Cela peut les motiver à faire preuve de patience et de force pour surmonter leurs obstacles.

Moyens d'accroître la productivité sur le lieu de travail

Une petite entreprise n'a rien de plus précieux que ses travailleurs. Si vos travailleurs sont satisfaits, ils peuvent améliorer leur productivité, ce qui est exactement ce dont vous avez besoin pour aider votre entreprise à se développer.

De petits changements de comportement amélioreront considérablement les niveaux de productivité et la qualité des bureaux de l'entreprise. Cela vous permettra d'obtenir plus de travail de qualité dans un délai plus court et de réduire le temps passé sur des tâches inutiles.

Voici des conseils de premier ordre pour tirer le meilleur parti de vos travailleurs et garantir le maintien d'une productivité maximale :

Soyez efficace

Réfléchissez à la façon dont votre entreprise fonctionne actuellement et soyez ouvert à la possibilité de changer votre façon de travailler. Notez que les listes à court et à long terme sont tout aussi importantes que la hiérarchisation des activités, surtout dans une petite entreprise.

Est-ce qu'il existe une meilleure façon pour les employés d'organiser leur journée pour leur permettre d'atteindre leurs objectifs quotidiens ? Fournir un calendrier à chaque membre du personnel et les inciter à dresser une liste pour s'assurer que les tâches prioritaires sont achevées à temps et qu'ils restent au travail toute la journée, ce qui permet un travail productif.

Relevez les défis les plus importants lorsque vous êtes le plus vigilant

Nous repoussons souvent les grands objectifs parce que nous ne sommes pas sûrs de les atteindre... Et quand nous les atteignons, nous sommes trop épuisés pour leur accorder l'attention qu'ils méritent. C'est ainsi que les tâches finissent par s'exécuter en jours supplémentaires, donnant l'impression que la productivité a disparu.

Apprendre quand et comment travailler au mieux est la clé pour mener à bien ces grands projets dans les délais impartis. Aucun horaire fixe ne convient à tout le monde... si vous êtes un particulier le matin, commencez par vous attaquer aux grandes tâches de la journée.

Déléguer

La délégation comporte un élément de risque, mais il est nécessaire d'accroître la responsabilité afin de stimuler le moral du personnel et la satisfaction au travail. Proposez des responsabilités à des employés qualifiés ayant fait leurs preuves dans un domaine particulier et ayez confiance dans la bonne exécution des tâches.

Lorsque vous permettez à vos employés d'acquérir des compétences et de l'expérience en matière de leadership, cela soutient l'entreprise et donne à vos employés un sentiment d'accomplissement et une orientation dans leur carrière.

Prenez des pauses pour faire de l'exercice

Selon une étude, l'utilisation du temps de travail pour faire de l'exercice contribuera à améliorer la productivité. Prévoyez des heures fixes pendant la semaine pour vous promener ou aller à la salle de sport, si possible. C'est peut-être juste ce qu'il vous faut pour vous vider l'esprit et vous recentrer.

Réduire les distractions

Les médias sociaux peuvent être un énorme tueur d'efficacité, il n'est donc pas réaliste d'appliquer une politique de non-téléphonie. Sinon, essayez de vous concentrer et d'impliquer les employés tout en leur laissant de l'espace pour respirer.

Encouragez tous les membres du personnel à éteindre leur téléphone portable, mais faites des pauses régulières pour vérifier leur téléphone. Cela permettra d'augmenter la productivité du temps passé à leur bureau.

Fonctionnant à des intervalles de 90 minutes

Les chercheurs ont trouvé des artistes d'élite (athlètes, joueurs d'échecs, musiciens, etc.) qui sont plus productifs dans des intervalles ne dépassant pas 90 minutes que ceux qui travaillent 90 minutes et plus. Nous avons également constaté que les personnes les plus performantes ont tendance à ne pas travailler plus de 4,5 heures par jour. Pour moi, ça sonne bien !

Disposer de l'équipement et des outils adéquats

Il est important de fournir aux employés les bons outils et équipements pour qu'ils puissent s'acquitter de leurs tâches de manière efficace et en temps voulu. Il n'y a rien de plus contre-productif que d'attendre que les documents soient imprimés parce que vous n'avez pas de dispositif d'impression rapide.

Des programmes et des équipements modernes et de haute qualité font non seulement une énorme différence pour la main-d'œuvre, mais aussi pour la perception de votre entreprise. Utiliser des appareils tels qu'un appareil multifonctionnel qui peut faire office d'imprimante, de scanner, de photocopieur et de télécopieur pour gagner du temps et des efforts.

Regardez-vous bien

Certaines recherches montrent qu'il peut augmenter la productivité jusqu'à 15 % en équipant un bureau d'éléments esthétiques - comme des plantes. Mettez de l'ambiance dans votre bureau en souriant avec des photos, des bougies, des roses ou tout autre objet.

Améliorer les conditions sur le lieu de travail

Entre 20 et 21 °C est une température de travail confortable. Une zone trop chaude ou trop froide détourne l'attention parce que les travailleurs vont passer plus de temps à marcher pour leur veste ou un ventilateur électrique. Assurez-vous que les systèmes de chauffage et de climatisation sont en bon état à la fin de la saison.

Évitez le multitâche

Bien que nous ayons tendance à considérer la capacité multitâche comme une capacité essentielle pour accroître la productivité, le contraire peut être vrai. Les psychologues ont constaté que le fait de tenter d'accomplir plusieurs tâches à la fois peut entraîner une perte de temps et de productivité. En attendant de passer à votre prochain emploi, prenez l'habitude de vous engager à accomplir une seule tâche.

Fournir un soutien et fixer des objectifs réalistes

Un problème courant pour les dirigeants est de ne pas avoir une idée claire et précise des performances de leurs employés.

Vous avez besoin d'une occasion pour votre personnel de rester sur la bonne voie ? Soutenez-les en atteignant des objectifs réalisables. Fournir aux responsables et au personnel des conseils spécifiques pour les aider à expliquer les objectifs. Cela contribuera à accroître leur productivité, car ils auront une orientation et des objectifs clairs.

Pratiquer le renforcement positif

Encourager, récompenser et inspirer. Dites aux employés qu'ils font du bon travail et qu'ils relèvent les défis de manière constructive. Surtout, offrez des récompenses personnelles pour bien faire le travail - peuvent-ils avoir des vacances gratuites ou un café à emporter gratuit pour travailler en dehors de leur rôle ?

Pour favoriser un sentiment d'épanouissement et inspirer les autres, vous pouvez indiquer les performances d'un employé aux autres membres du personnel. Si vous incitez vos employés à travailler plus dur et à recevoir des récompenses en retour, ils seront plus susceptibles de se retrouver en tête de leur liste de tâches grâce à une productivité accrue.

Profitez de vos déplacements

Utilisez ce temps pour rechercher des fichiers, créer votre liste quotidienne de choses à faire, ou faire un brainstorming au lieu de faire du Candy-Crushing ou du Facebooking.

Veillez à ce que les employés soient heureux

Un lieu de travail stressant ne donnera aucun résultat. Les travailleurs qui travaillent constamment dans des conditions très stressantes sont moins productifs et présentent des niveaux plus élevés de désengagement et d'absentéisme... ils doivent être heureux !

Il est gratifiant - et souvent négligé - de montrer aux employés combien ils apprécient, respectent et valorisent l'entreprise sur le plan personnel.

Essayez certains de ces conseils et profitez-en si vous voulez que votre personnel travaille au mieux de ses capacités.

Renoncer à l'illusion de la perfection

S'accrocher pour essayer de terminer un travail est normal pour les entrepreneurs - la vérité est que rien n'est jamais parfait. Au lieu de perdre du temps à poursuivre cette idée, faites votre travail au mieux de vos capacités et faites un pas en avant. Il est préférable de terminer la mission et de vous en débarrasser ; le cas échéant, vous pouvez toujours revenir et la modifier ou la renforcer par la suite.

Conseils pour améliorer votre santé et votre vie

De nos jours, de plus en plus de gens cherchent la solution magique pour améliorer leur santé et leur vie. Avec un peu de chance, il y aura une potion magique pour améliorer les choses. Si c'était aussi simple, tout le monde serait en pleine forme et sa vie serait aussi heureuse qu'il le souhaite.

Malheureusement, ce n'est pas ainsi que la vie fonctionne. Les gens peuvent prendre des remèdes et des pilules pour améliorer leur état de santé général, mais nous devons encore faire d'autres choses pour les aider. Néanmoins, nous devons y consacrer des efforts, et cela peut parfois être un peu décourageant.

Pour notre bien-être, l'exercice est l'une des choses les plus importantes que nous puissions faire. Marcher au moins 30 minutes par jour nous aidera à garder notre cœur en bonne santé, à maintenir notre poids, à combattre de nombreuses maladies et à mener une vie longue et prospère. L'ajout de la musculation à notre routine aiderait à développer et à maintenir le tonus musculaire, rendant notre métabolisme optimal.

Cela nous permet de brûler les calories à un rythme plus élevé et d'éviter les excès de poids dans le port. Elle peut augmenter le risque de certaines maladies en nous faisant porter un poids supplémentaire et nous faire sentir fatigués et faibles. Il se peut que nous ne puissions pas accomplir les tâches quotidiennes aussi facilement que si nous étions en forme. L'exercice augmente la vitalité et l'estime de soi pour réussir dans notre vie et dans celle de nos amis.

Il est également très important, dans le cadre d'une vie saine, d'avoir une alimentation saine composée de fruits, de légumes, de protéines maigres et de céréales complètes. Manger beaucoup de petits repas par jour aidera à maintenir les niveaux d'énergie tout au long de la journée sur une quille régulière. En mangeant toutes les quelques heures et en veillant à ce qu'il soit léger et sûr, vous pouvez arrêter le crash du milieu de l'après-midi. S'il est difficile de manger aussi souvent, vous pourriez envisager d'ajouter une boisson protéinée à votre alimentation quotidienne.

De nombreuses personnes trouvent utile de compléter leur alimentation par des compléments alimentaires. La prise de suppléments de vitamines et de minéraux contribuera à combler le vide si notre alimentation ne nous fournit pas cent pour cent de l'apport quotidien recommandé. Ils peuvent nous aider à nous sentir en meilleure santé et plus alertes, et ils peuvent contribuer à réduire le risque de certaines maladies.

Le facteur important qui doit être pris en compte et qui semble le plus ignoré est de maintenir la tension à distance. Détendez-vous, recentrez-vous et profitez de la vie. Essayez d'améliorer les endroits qui causent du stress dans votre vie. Il peut s'agir d'alléger votre charge de travail ou d'obtenir l'aide de quelqu'un. Peut-être que le simple fait de sortir pour passer du temps seul avec votre conjoint vous donnera une pause bien nécessaire pour vous libérer du stress quotidien à la maison. La méditation peut également être un bon moyen de combattre l'anxiété.

Nous devons prendre des mesures de notre propre chef et faire des choix sains et sûrs pour nous et notre famille afin d'améliorer votre santé et votre vie. Pour suivre vos progrès et voir où des améliorations peuvent être apportées, tenez un journal quotidien sur l'alimentation, l'exercice et le stress.

CONCLUSION

L'épuisement professionnel est un problème courant qui doit être traité. Il est important de connaître et de comprendre les bases du burnout sur le lieu de travail si vous êtes responsable d'employés. Si vous êtes un employé, il est également essentiel de connaître et de comprendre les principes de base. Vous lutterez contre l'épuisement professionnel en connaissant les conditions qui en sont la cause, les symptômes qui y sont associés et la manière de les résoudre !

www.ingramcontent.com/pod-product-compliance
Lightning Source LLC
Chambersburg PA
CBHW031919270726
48655CB00006BA/2815